car nous
venons tous
du pays
de notre
Enfance...

Dépôt légal : 1er semestre 2000
N° d'édition : 11 948 – ISBN : 2 226 11327 4
Imprimé en France par Pollina s.a., 85400 Luçon -n° L80331

Jacques Salomé

car nous venons tous du pays de notre Enfance...

Illustrations
de Dominique de Mestral

ALBIN MICHEL

À mes enfants,
à chacun.

J. S.

Ne jamais laisser croire à un enfant
que ses désirs sont tout puissants…
Pas plus que les nôtres d'ailleurs.

Quand un enfant nous parle,
le plus important
n'est pas d'écouter ce qu'il dit,
mais d'entendre comment il vit
ce qu'il dit.

Être à l'écoute réelle d'un enfant,
c'est accepter d'être à l'écoute de l'enfant
qui est en nous à chaque instant.

C'est un beau cadeau à faire à nos enfants
de leur permettre de découvrir
que, derrière toute peur,
il y a un ou plusieurs désirs
qui tentent de se faire entendre.

Osons dire à nos enfants :
« Je ne vous aime pas pareil »
et à chacun :
« L'amour que j'ai pour toi est unique. »

Avec un enfant,
chaque fois que je peux proposer,
expliquer et dialoguer,
je serai moins tenté d'exiger,
de contraindre ou d'imposer.

Les enfants, quel que soit leur âge,
sont d'une incroyable créativité
pour réveiller l'ex-enfant blessé, humilié,
qui est toujours en nous.

Parfois, les parents font les enfants,
mais toujours les enfants font les parents.

Au-delà de l'amour,
un enfant a surtout besoin
d'une relation claire,
au bout de laquelle
il y a un adulte consistant.

Je rêve d'un jour proche
où la communication
et les relations humaines
seront enseignées à l'école.

Un enfant attend des adultes
des demandes et des positionnements clairs
plus que des manifestations d'amour
envahissantes ou réductives.

Comme parents, nous avons à répondre
aux besoins de nos enfants.
Nous n'avons pas à satisfaire
tous leurs désirs.

La relation en-saignant
en-saignée est une des plus douloureuses
de l'enfance.

L'amour parental est le seul amour
que nous offrons à un enfant pour
lui permettre un jour de nous quitter.

Jacques Salomé

Nous sommes des exilés
de notre enfance,
parée de souvenirs et de sensations
jamais retrouvés,
d'images auréolées de parents
aujourd'hui vieillis,
de moments magiques
enfouis dans la mémoire.
Autant d'expériences
qui ne sont pas renouvelables
et qui, pourtant, orientent toutes nos quêtes.

Bertrand Cramer

LES ENFANTS

Tous les enfants, vous le savez, sont des navires
qu'un proverbe pareil aux brises les plus douces
conduit, syllabe après syllabe, au continent
où les pingouins dorés murmurent des poèmes.

Tous les enfants, vous le savez, sont des bouleaux
qui, dans la nuit, en demandant pardon, écartent
leurs branches, leur écorce, et vont, jusqu'au vertige,
danser sur la grand-place, au milieu des poulains.

Tous les enfants, vous le savez, sont des comètes
venues nous rendre hommage au nom d'un autre azur,
d'une autre réalité, d'une autre fable, et nous,
adultes par défaut, saurons-nous les convaincre
de s'attacher ici le temps d'un bref bonheur,
avant de repartir chez les étoiles folles ?

Alain Bosquet

Et parfois, parfois cette tristesse
de l'enfance empêchée de respirer
sous le poids des peurs, des interdits
et des désirs si contradictoires des adultes,
qui pèsent tellement sur elle.
Et d'autres fois, cette confiance inouïe
de l'enfant dans l'attente d'un regard,
d'un geste, d'un sourire ou d'une parole
qui va tout apaiser,
qui va faire chanter la vie.

Le legs de l'enfant adopté

Il était une fois deux femmes
Qui ne s'étaient jamais rencontrées.
Une dont tu ne te souviens plus,
L'autre que tu appelles « maman ».

Deux vies différentes
Dans l'accomplissement d'une seule, la tienne.
L'une fut ta bonne étoile,
L'autre est ton soleil.

La première te donna la vie,
La seconde t'apprit comment la vivre,
La première créa en toi le besoin d'amour,
La seconde fut là pour le combler.

L'une te donna tes racines,
L'autre t'offrit son nom,
La première te transmit ses dons,
La seconde te proposa un but.

L'une fit naître en toi l'émotion,
L'autre calma tes angoisses.
L'une reçut ton premier sourire,
L'autre sécha tes larmes.

L'une t'offrit en adoption,
C'est tout ce qu'elle pouvait faire pour toi.
L'autre pria pour avoir un enfant
Et sa vie la mena vers toi.

Et maintenant quand en pleurant
Tu me poses l'éternelle question :
Héritage naturel ou éducation,
De qui suis-je le fruit ?
Ni de l'un ni de l'autre, mon enfant,
Tout simplement de deux formes différentes de l'AMOUR.

auteur philippin anonyme

« Maman, la preuve
que ça ne sert à rien de se laver :
demain je serai encore sale
et je suis sûr que tu voudras encore
que je me lave ! »

Nous le savons, la plupart de nos peurs
viennent de l'enfance de l'humanité,
de notre enfance à chacun
et aussi de l'angoisse de nos parents,
déposée sans précaution ni réserve
sur nos sens éveillés !
Mais savons-nous que derrière chaque peur
il y a un désir ?
Pouvons-nous apprendre à nos enfants
les couleurs, le goût, la forme des désirs
qui se cachent derrière toute peur ?

Comme à l'approche d'un pays lointain,
je fermerai les yeux,
tu me prendras la main
pour me ramener quelques instants,
quelques instants seulement,
au pays de mon enfance.

De plus en plus d'enfants
sont victimes de tortures,
même dans les pays évolués.
Beaucoup sont violés
ou subissent des sévices sexuels.
D'autres sont torturés,
parfois devant leurs parents
pour les faire avouer.

Dans certains pays,
les enfants sont
illégalement emprisonnés,
seuls ou avec leurs parents.
En plus d'effroyables douleurs,
les séquelles psychologiques
sont bien souvent irréversibles.
Des vies entières
sont à jamais brisées
dès le plus jeune âge.

La Lettre d'Amnesty International,
printemps 1996

Les enfants parlent
parfois avec des mots,
mais ils disent
le plus souvent l'essentiel
avec des maux.

peur

Je connais des adultes à l'enfance infatigable,
dont la joie de vivre et l'enthousiasme
jouent à saute-mouton
avec les difficultés de la vie.

Le cri d'un enfant
éperdu d'amour
est terrible
car il retentit
dans l'enfance
de chacun de nous.

Dans notre maison,
chaque enfant a fait sa place à sa façon.
Repoussant les murs de nos nuits de sommeil paisible !
Nous offrant plus de cernes au petit matin.
Nous plongeant dans plus d'interrogations chaque soir
et d'étonnements chaque jour.
Oui, chacun à sa façon nous a offert la certitude
que c'était possible d'aimer plus grand.
Notre famille n'est pas encore au complet.
Quand le sera-t-elle ? Je l'ignore.
Peut-être un enfant appelle-t-il déjà à la vie.

Sylvie Brise

**Nous, « les grandes personnes »,
nous t'expliquons que
tout est plus difficile
que tu ne le crois
et toi,
tu enseignes à nos fronts déjà ridés
que tout est plus facile
qu'on ne l'aurait cru !**

Jean Guitton

NAÎTRE

Naître, c'est oser,
C'est prendre le risque,
C'est quitter la terre ferme,
C'est ne pas savoir à l'avance
Ce qu'il y a devant,
C'est accepter l'inconnu,
L'inattendu,
L'imprévu et la rencontre.

Naître, c'est quitter son abri,
c'est essuyer le vent de face
et porter le soleil sur son dos.

Naître, c'est avoir trop froid
et trop chaud.

Naître, c'est n'avoir plus
d'autre maison
que le passage.

Jean Debruynne

Que notre regard sur nos enfants
nous amène à retrouver
un regard lucide sur nous-mêmes.

Annick de Souzenelle

Où est ce jour d'enfance
où mon enfance s'est perdue ?
Où est ce matin fatigué
où ma vie se fit sérieuse ?
Où est le lieu d'oubli
où ma jeunesse a commencé ?
Je ne le sais, même si j'en garde
au profond de moi
la trace incertaine et fragile.

Papa, ne dis pas que je suis ta plus belle poésie, sinon mes amis vont croire que tu m'as écrite.

Eurydice El-Etr

Prière d'un ex-enfant aux adultes d'aujourd'hui

Au nom de tous les enfants
je vous demande d'arrêter
de maltraiter la Terre,
de cesser de saccager l'avenir
par des pollutions irréversibles.
Je vous supplie d'établir
avec cette belle planète
une relation de bienveillance,
de respect et d'amour.

Au nom de tous les enfants
je vous demande d'arrêter
de fabriquer des mines
et des engins de destruction
qui mutilent mes frères et mes sœurs.
Je vous supplie d'établir un accord
qui rende fiable chaque espace de vie,
où nous allons marcher, vivre
et danser encore longtemps.

Au nom de tous les enfants
je vous demande de partager,
encore et encore,
d'offrir l'essentiel,
de permettre à chacun d'entre nous
de manger à sa faim et de se développer
au mieux de ses ressources.
Je vous supplie de vous parler,
de vous concerter pour établir
les bases d'une meilleure répartition
des richesses de ce monde.

Au nom de tous les enfants
je vous invite à réfléchir ensemble,
vous les adultes de toutes races,
de toutes couleurs, de toutes confessions,
à notre avenir.
Chaque enfant est votre part d'éternité,
il est nécessaire
de lui donner le meilleur de vous.

INSATISFACTION

je voudrais être
celui-ci
dit l'enfant
en voyant l'homme

je voudrais être
celui-ci
dit l'homme
en voyant le sage

je voudrais être
celui-ci
dit le sage
en voyant l'enfant

Christian Flèche

– D'où viens-tu ?
– Je viens du pays de mon enfance.

– Où vas-tu ?
– J'y retourne.

– Papa, je voudrais que tu m'écoutes vraiment.
Raconte-moi une histoire !
– Tu veux que je te raconte une histoire vraie ?
– Non, une vraie histoire tout inventée,
de quand j'étais petite.

Les souvenirs d'enfance
font un mètre vingt de haut.
Impossible plus tard
de retrouver le même angle.

Daniel Picouly

Les enfants…
cette part d'éternité
qui nous donne un tout petit peu
d'immortalité.

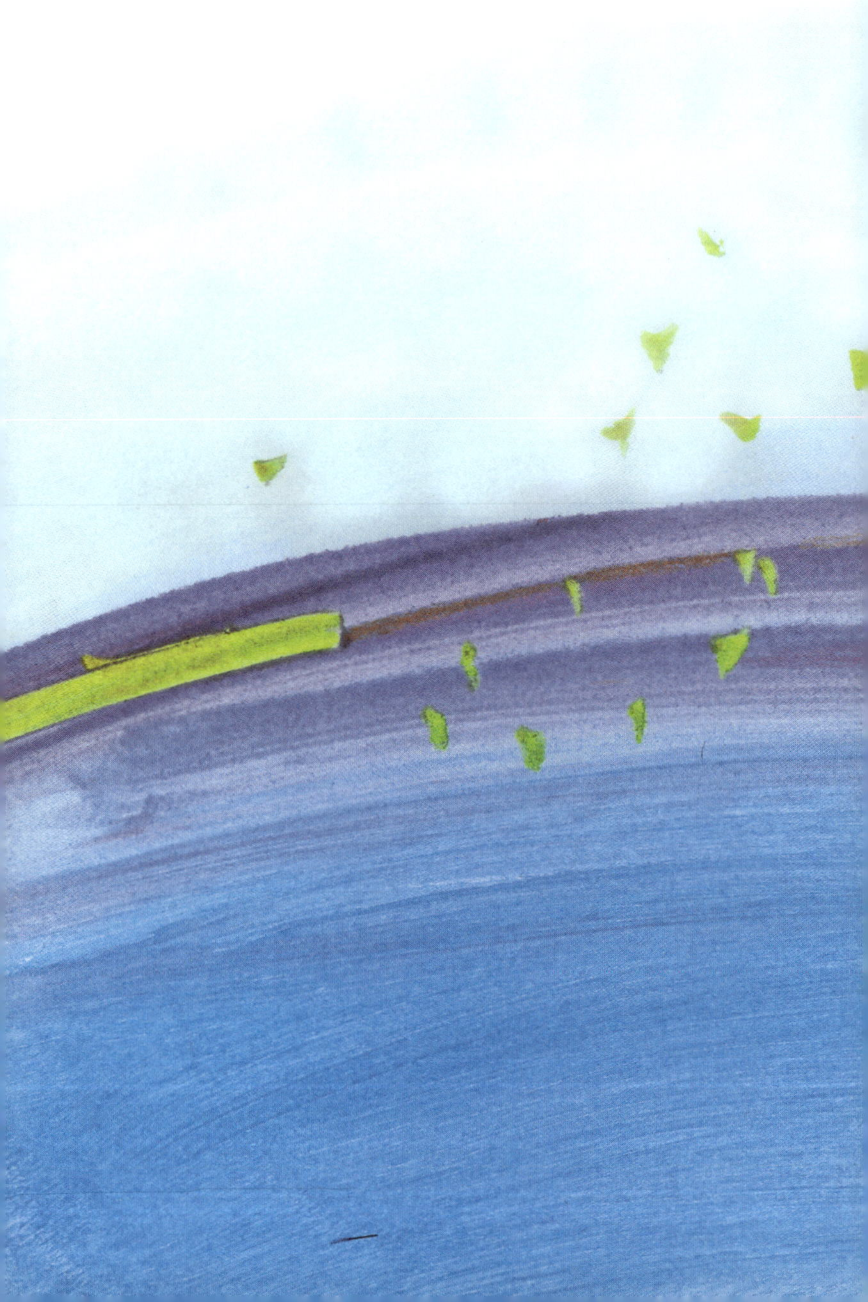

Ne jamais désespérer d'eux
car malgré les parents…
les enfants s'en sortent bien
la plupart du temps !

UN ENFANT JAMAIS NÉ

À cet enfant de moi que je n'aurai jamais
À ce désir aigu sommeillant tout au creux
De mon ventre…

À la palpitation infime de la vie,
À toute la tendresse, au rêve inachevé
De l'amour…

Au berceau de mon corps embryon qui s'accroche
Et fait gonfler mes seins au souffle espéral
De la vie…

À cette forme ronde, à ses tressaillements,
À cette jalousie du corps lourd
De la femme devenue…

Prière de silence…
il ne s'incarnera pas

Perdus à jamais
les scintillements joyeux,
les rires partagés,
avec mes soins comblés…

Très tôt, trop tard dans mon histoire,
son désir suivit un chemin trop lointain du mien.
Mais le mien est vivant.
Il fut pour moi vital, tonique et douloureux.
Et restera désir…

I. B.

Lettre d'un père à ses enfants

C'est la fin de l'été et déjà commence l'automne de ma vie

À vous mes enfants, à chacun,

Je voudrais dire cette aventure étonnante d'avoir été votre père.
En vous écrivant ce soir, je veux simplement inscrire dans un signe encore un peu de mon amour.

Le saviez-vous ? Je vous ai portés pendant tant et tant d'années en moi, non pas à bout de bras, mais dans ma chair, au creux de mon ventre et de mes cuisses, dans mes pensées, dans mes peurs et dans mes soucis, dans mes projets aussi, dans mes enthousiasmes et dans mes rires.
Je vous ai portés dans mes amours bien sûr.

Je vous ai gardés ainsi, longtemps, sans rien en dire, presque en cachette, tout au chaud, tout au fond de moi, vivants, entiers, pleins de tous vos possibles.
Vous m'habitiez, vous étiez cette part de plus que moi qui m'agrandissait jusqu'à l'infini.

Avec des mots-silences, je vous ai parlé souvent, parfois de façon folle et parfois avec trop de sérieux dans ma tête, dans mon cœur, dans mes mains.

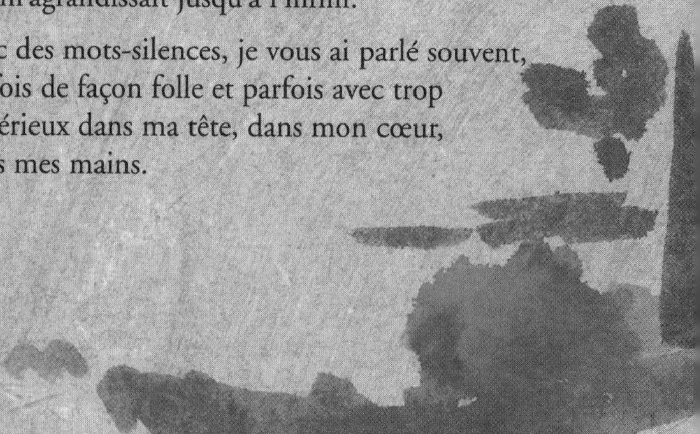

Avec mes yeux, je vous faisais des propositions inouïes, avec mes élans, je vous offrais le monde, avec mes émerveillements, je vous inventais la vie. Dialogues muets, infinis, riches de tous mes espoirs et de mes désirs les plus scintillants.

Oui, j'ai eu du mal à vous lâcher, à me laisser grandir sans vous, à accepter cette solitude jamais dite d'être seulement votre père. J'aurais tant voulu vous accompagner dans d'autres rôles, dans d'autres vies, partager plus le présent.

La déchirure de vous perdre s'étire encore en moi, comme un appel sans fin. Et, cependant, il était temps de vous laisser sortir de moi, de vous laisser aller, de vous laisser partir ailleurs, sans vous perdre aux horizons de la vie, de vous laisser entrer dans le ventre étonnant de l'existence.

De tout cela, vous n'avez jamais rien su. Je suis resté un père trop silencieux, lointain par son travail, préoccupé des autres et en l'apparence de lui-même. Aujourd'hui vous êtes si loin, si proches, bientôt semblables enfin à vous-mêmes.
Avec toute ma tendresse apaisée, silencieuse et présente.

À Toi enfant du monde

En t'offrant
une minute de paix
à Toi, enfant du monde,
c'est un rire d'avenir
que je dépose
en attente.

En te donnant
une minute de paix
à Toi, enfant du monde,
c'est une éternité de vie
que je bâtis
contre la violence du temps.

En partageant
avec Toi, enfant du monde,
une minute de paix,
c'est un élan d'amour
que je tisse aux horizons des différences.

En inventant
pour Toi, enfant du monde,
une minute de paix,
c'est un geste d'espoir
que j'agrandis
pour préserver plus de vie.

Si un enfant vous parle,

vous pose des questions,

l'important n'est pas la réponse,

mais l'écoute.

L'écoute de l'interrogation

qu'il y a toujours

derrière chaque question.

Pour la réponse,

vous avez toujours le temps.

L'écoute au présent est quelque chose d'éphémère,

de fragile, qui se vit dans l'instant.

Le petit Victor Hugo disant à sa mère :

« Maman, je peux aller aux Indes ?

– Oui, mais emporte ton goûter ! »

se sentait-il rassuré pour autant ?

La plupart des événements familiaux tenus secrets le sont par souci de préserver les enfants…
Dans tous ces cas, le mobile de la dissimulation est de protéger le ou les enfants. On entend alors fréquemment dire : « Il est trop petit pour comprendre », « Il ne faut pas compliquer la vie des enfants avec ces choses-là », « Elle (ou il) l'apprendra bien assez tôt ».
Aux questions des enfants, on répond comme pour s'excuser : « Tu le sauras quand tu seras plus grand » ou encore : « Je te dirai peut-être cela un jour… »
C'est pourquoi le chemin des secrets, comme celui de l'enfer, est pavé de bonnes intentions…

Pourtant les secrets que les parents gardent, soi-disant pour protéger leurs enfants, créent chez ces derniers des difficultés bien plus graves que celles contre lesquelles on voulait les protéger.

Serge Tisseron

REQUÊTE D'UN ENFANT INFIRME

Maman, papa,
puis-je vous rappeler
que j'ai une Infirmité.
Puis-je vous dire
que cette Infirmité a un nom
et que je ne souhaite
pas être confondue avec Elle.
Puis-je vous suggérer d'oser entendre
que le handicapé,
papa, maman,
c'est chacun de vous.
Cela vous étonne sans doute, bien sûr,
personne ne vous a jamais tenu de tels propos.
Cela vous surprend, vous choque peut-être !
Mais, pour moi, c'est évident !
Le handicap de votre relation avec moi,
il est bel et bien chez vous.
Je sais combien il vous est difficile
de reconnaître cette réalité-là.
D'accepter d'abord et de montrer ensuite
que vous êtes handicapés,
quand vous êtes avec moi, dans la vie au quotidien,
au dehors, à la maison, dans les gestes les plus simples.
Il a semblé plus naturel et facile pendant des années
à de nombreux parents confrontés à la blessure
d'avoir à charge un enfant
avec une Infirmité Majeure Constante,
souvent irrémédiable,
de croire que le handicapé, c'était l'enfant.
D'ailleurs, à votre décharge, vous n'êtes pas les seuls,
tout le monde autour de vous le confirme :
« Les pauvres ! Ils n'ont pas eu de chance,
ils ont un enfant handicapé, et patati et patata… »

Vous faites même partie d'une association de Parents
d'Enfants Handicapés, pour vous soutenir mutuellement le moral
et pouvoir déposer un peu de votre souffrance si lourde à porter.
Mais quelle violence je reçois
à déplacer ainsi votre propre handicap sur moi.
Accepteriez-vous un jour de créer ou d'adhérer
à une Association de Parents Handicapés
par l'Infirmité de leurs Enfants ?

La démarche, l'attitude, seraient moins coûteuses,
tellement plus justes, plus vraies, plus honnêtes aussi.
Tellement plus honnêtes et plus respectueuses
pour les milliers d'enfants infirmes,
qui se sont attribué l'étiquette
ou la reconnaissance en qualité de « Handicapé »
en plus de leur maladie ou de leur infirmité.
Papa, maman, c'est un beau cadeau
que vous pourriez m'offrir, si vous pouviez entreprendre
une démarche de symbolisation qui consiste :
Premièrement à choisir un objet qui représente mon infirmité
pour ne plus me confondre avec elle ;
Deuxièmement en choisissant un autre objet représentant
votre propre handicap,
pour qu'ainsi vous appreniez à ne plus le déposer sur moi.
En osant montrer cet objet autour de vous,
vous rappelez à ceux qui vous croisent qu'ils ont ce handicap
temporaire ou permanent,
chaque fois qu'ils me rencontrent dans la rue,
dans un magasin, chez le boulanger du coin.
Car vous les avez vus, ils ne savent pas comment se comporter
ni avec moi ni avec vous, ils font semblant de ne pas voir.
Et si, en plus, vous osez montrer votre handicap,
en prenez soin, lui donnez de l'attention, lui manifestez
de l'intérêt ou de la bienveillance,
vous allez m'aider plus que vous ne pouvez le penser.
Mon copain « trisomique », puisque tout le monde l'appelle ainsi,
me disait récemment :
« Mais pourquoi ils me confondent toujours avec ma trisomie ?
Oui, pourquoi ?
Et pourquoi, surtout, ne peuvent-ils pas reconnaître
qu'ils sont handicapés d'avoir un enfant
avec une infirmité comme la mienne,
puisqu'ils ne peuvent faire avec moi
ce qu'ils font naturellement avec les autres enfants ?
C'est bien eux qui sont les handicapés de la relation
dans cette relation-là. »
Il n'est pas bête, mon copain,
de se poser ces vraies questions.
Moi, je crois qu'il a compris l'essentiel
en ne confondant pas son infirmité et…
le handicap de ses parents !

VOUS DITES :

C'est fatigant de fréquenter les enfants.
Vous avez raison.
Vous ajoutez :
Parce qu'il faut se baisser, s'incliner,
Se courber,
Se faire tout petit.
Là, vous avez tort,
Ce n'est pas cela qui fatigue le plus,
C'est le fait d'être obligé de s'élever,
De se mettre sur la pointe des pieds
Jusqu'à la hauteur de leurs sentiments,
Pour ne pas les blesser.

Janusz Korczak

« Comment tu les trouves ?
– Quoi ?
– Mon corsage et ma jupe…
– Eh bien… c'est pas mal, c'est absolument ravissant.
– Oh ! papa !
– Quoi encore ?
– Tu pourrais te fouler un peu plus quand même,
"absolument ravissant", "c'est pas mal",
mais tu n'as vraiment rien de mieux à me proposer ?
– Je ne sais pas moi… tu es superbe !
– Bon d'accord, alors pour toi je suis superbe !
Ça me convient. »

Sophie, 8 ans

« Il est venu au monde
et je l'ai perdu avant même de le rencontrer »,
m'a dit cette femme.
Je n'ai pas su lui dire à cette époque
ce que je sais aujourd'hui.
Que certains bébés, certains enfants,
se « donnent la liberté » d'apparaître,
de seulement apparaître dans la vie,
pour donner l'envie à l'un de leurs parents
de naître enfin ou d'accéder à plus de vie
dans son existence.

Certains enfants sont de passage
pour montrer à l'un ou à l'autre
de leurs géniteurs
un chemin pour témoigner d'un choix
de vie à faire.

Certains enfants, par leur mort subite,
… invitent
leurs parents à oser un changement
qu'ils n'avaient pu envisager…
Certains enfants ont ce pouvoir de dire
par leur présence fugitive
et leur disparition brutale
« Ose ta vie, toi seul la vivras ».

Nous pouvons ainsi écouter et entendre
le message secret
envoyé par ces enfants dont la présence
si éphémère
nous blesse à jamais si nous restons sourds
à leur message d'espoir.

Où est le juste ?

« Où est le juste ? » demandait l'enfant.
Le juste est un moment fragile
entre clarté et ombre,
entre chaud et froid.
Entre certitudes et doutes,
entre demandes et réponses,
entre oui et non.
Le juste est dans l'accord infime
de deux regards,
dans l'écoute centrée,
dans le don et le reçu partagés.
Le juste est une recherche ardente
jamais achevée, toujours poursuivie
aux dérobances de la vie.

Le juste est dans un abandon
quand je sais l'accueillir.
Il est aussi, le juste,
dans l'odeur étonnée
de se sentir bon, réel,
entendu, reconnu
là où je suis.
Le juste est une quête
vers le meilleur de l'autre
et de soi
pour plus d'unité.

« Maman, est-ce que tu savais, toi, qu'il y avait plusieurs amours ?

– Eh bien oui, l'amour pour ses parents, pour son mari, pour un chat, pour un livre...

– Non, non, pas ça. Il y a l'amour quand on aime, quand on fait l'amour... euh... quoi... tu comprends, c'est quand on s'embrasse sur la bouche !

– Ah bon !

– Il y a un amour quand on s'attache à quelqu'un, par exemple juste une amie, moi avec Laura.

– Oui, je vois.

– Il y a des fois un amour de besoin, par exemple quand on croit aimer quelqu'un, mais en fait on l'aime pas vraiment, parce qu'on a besoin de tendresse. Tu comprends, alors, c'est pas un vrai amour, ça !

– Oui, je comprends.

– Oui, maman, parce que tu vois, quand on a eu l'amour de l'autre et qu'on le quitte, c'est pas un vrai amour, t'es d'accord ?

– Je t'entends.

– Alors pour toi, maman, c'est quoi le vrai amour ? C'est quand t'aimes quelqu'un pour la vie ? C'est quand on aime à la folie comme dans les films ? C'est quand tu as envie de faire des enfants ou pas forcément ?

– C'est un peu de tout cela peut-être...

– Non, maman, c'est pas un peu, c'est quand on aime avec tout son cœur. Voilà le vrai amour pour moi ! »

Maeva, 8 ans

Billet de jour d'une fille à sa mère

Maman,

J'ai besoin ce matin, avant d'entrer dans ma journée, de t'adresser ce billet.

Mon souhait est que tu puisses le lire comme étant l'expression de mon ressenti, de mon vécu. Je ne voudrais pas que tu le reçoives comme des reproches ou des accusations, ce n'est pas dans ce sens-là que je l'écris.

Voilà, maman, les mots qu'en ce matin je t'adresse.

Vois-tu, je ne supporte plus d'entendre tes plaintes. Je te demande de faire quelque chose pour toi, car tant que tu restes dans la plainte, j'ai du mal à prendre ma dimension réelle et à m'épanouir à travers elle. Je t'en veux de me sentir coupable d'oser prendre ma place dans la vie, d'avoir du plaisir et d'être heureuse d'exister.

Tes plaintes, je les entends comme des reproches et je t'en veux de cela aussi. Je ne veux pas sans cesse, consciemment ou inconsciemment, avoir à me demander si je peux envisager de partir loin de toi, sans que tu te sentes abandonnée ou rejetée.

Tu es ma mère et je t'aime. Je voudrais aussi ne plus avoir de reproches en moi vers toi, car je m'en veux de t'en vouloir. C'est ce qui fait que je n'ai pas envie de te voir. Je te fuis et je ne me sens pas bien pour autant.

Puisses-tu ne plus me regarder à travers l'image de l'enfant imaginaire que je te sens porter encore en toi. Elle est une barrière géante entre nous. Elle ne nous permet pas de nous rejoindre et de nous rencontrer réellement.

Apprends-moi qui tu es, pour que j'arrive à te montrer qui je suis.

Parle-moi de toi, de ta vie, de ce que tu éprouves et ressens. Et ne parle plus sur moi, mais à moi.

Sois toi-même, une femme.

Nos attitudes devant la vie sont apprises durant l'enfance, et nous écoutons le chant des lumières comme un nouveau-né entend un bruit de source dans son cœur.
Nos attitudes devant l'amour sont enracinées dans l'enfance indéracinable et nous attendons un amour éternel comme un enfant espère la neige qui ne vient pas, qui peut venir.

Christian Bobin

Offrir de l'enfance à l'enfant

Offrir de l'enfance à l'enfant
lui laisser le temps,
le temps de chercher
au détour d'un buisson
quel aventurier de sa vie
il va pouvoir devenir.

Offrir de l'enfance à l'enfant
le guider en le protégeant
des dangers qu'il va s'inventer,
des fantômes de la nuit
qu'il s'imagine, dressés
au pied de son lit,
lui laisser la possibilité
de s'en faire des alliés,
ne pas les effacer
d'un coup de gomme.

Offrir de l'enfance à l'enfant
l'écouter dire ses désirs,
l'inviter à se confronter
à ses manques,
lui laisser la place de ses vides.

Offrir de l'enfance à l'enfant
l'encourager à être le saltimbanque,
celui qui crée le spectacle de son enfance,
celui qui rit de ses talents nouveaux,
et qui, dans un ruisseau, rêve
d'être Roi… d'être Reine.

Offrir de l'enfance à l'enfant
l'imaginer triomphant,
fêter toutes ses prouesses,
le soutenir dans ses défis singuliers.
Lui dire : c'est possible,
lorsqu'il pense : IMPOSSIBLE.

Offrir de l'enfance à l'enfant
être à ses côtés
l'adulte « carburant-d'amour ».
Être au bon moment
la femme « baume-câlins ».
Être à chaque instant
l'homme « station-encouragements ».

Offrir de l'enfance à l'enfant
l'aimer beaucoup, bien et mieux,
l'aimer en paix chaleureusement,
l'aimer unique tendrement,
l'aimer tout simplement,
l'aimer
et lui offrir au crépuscule du jour
un lit de repos et de rêves,
dans lequel il se glissera,
heureux d'exister
et de recharger ses batteries
juste le temps d'une nuit
pour se réveiller demain matin
plein d'un nouveau destin.

Offrir de l'enfance à l'enfant
Offrir de l'enfance
Offrir ! Offrir ! Offrir !
Offrir à l'enfant
Quel beau chemin.

Sylvie Brise

SUPPLIQUE D'UN ENFANT À SES ENSEIGNANTS

Apprenez-nous l'enthousiasme
Enseignez-nous l'étonnement de découvrir
N'apportez pas seulement vos réponses
Réveillez nos questions
Accueillez surtout nos interrogations
Appelez-nous à respecter la vie

Apprenez-nous à échanger,
à partager, à dialoguer
Enseignez-nous tous les possibles
de la mise en commun
N'apportez pas seulement votre savoir
Réveillez notre faim d'être
Accueillez nos contradictions
et nos tâtonnements
Appelez-nous à agrandir la vie

Apprenez-nous le meilleur de nous-mêmes
Enseignez-nous à regarder,
à explorer, à toucher l'indicible
N'apportez pas seulement du savoir-faire
Réveillez en nous le goût de l'engagement
Accueillez notre créativité
pour baliser un devenir
Appelez-nous à enrichir la vie

Apprenez-nous la rencontre avec le monde
Enseignez-nous à entendre au-delà
des apparences
N'apportez pas seulement
de la cohérence et des bribes de vérité
Éveillez en nous la quête du sens
Accueillez nos errances et nos maladresses
Appelez-nous à entrer dans une vie plus ardente

Il y a une urgence vitale

Oui, les enfants sont des accoucheurs d'ombres. C'est la raison de leur affinité profonde envers leurs grands-parents, ces personnes âgées qui ont dépouillé leurs masques, qui ont renoncé aux apparences, qui entrent dans leur vérité, quand l'évolution de leur vie s'est passée comme elle se doit ! Ils sont en mesure d'établir avec les enfants, chercheurs de profondeur, un rapport que personne d'autre ne peut créer avec cette perfection.

D'où l'importance de cette rencontre de deux générations d'authenticité. Oui, les enfants chambardent nos existences. Le malheur veut que nous nous chargions de leur éducation au lieu de les laisser faire la nôtre. Et tout le malheur vient de là.

Christiane Singer

L'enfance n'a ni début ni fin.
L'enfance est le milieu de tout.
Comment rejoindre le milieu de tout ?
Cela se fait sans votre volonté.
Cela se fait sans vous par la grâce
d'un amour plus rapide que vous-même,
plus rapide que votre peur
ou que le bruit du vent dans les branches.

Christian Bobin

L'enfant est un feu à allumer,
pas un vase à remplir.

François Rabelais

Que souhaiter à un enfant ?
Qu'il ne manque jamais
de cette part de lui-même
appelée vivance.

Si un enfant

Si un enfant vit dans la critique,
Il apprend à condamner.

Si un enfant vit dans le doute,
Il apprend à se méfier des autres.

Si un enfant vit dans l'hostilité,
Il apprend à se battre.

Si un enfant vit dans le ridicule,
Il apprend à se sentir coupable.

Si un enfant vit dans la tolérance,
Il apprend à être patient.

Si un enfant vit dans l'encouragement,
Il apprend à être confiant.

Si un enfant vit dans la reconnaissance,
Il apprend à estimer.

Si un enfant vit dans la loyauté,
Il apprend la justice.

Si un enfant vit dans la sécurité,
Il apprend à avoir foi.

Si un enfant vit dans l'approbation,
Il apprend à s'aimer lui-même.

Si un enfant vit dans l'amitié,
Il apprend à trouver l'amour dans le monde.

anonyme

En visite chez nous, la petite fille d'une amie est venue dans la chambre où je lisais.
– Tu sais, c'était mon anniversaire hier !
Mais tu peux me le souhaiter aujourd'hui...
Puis, interrogative :
– L'âge, ça va où ?
– C'est une vraie question que tu me poses là, une question importante que je ne m'étais encore jamais posée comme ça ! Mais tu peux sûrement m'aider, toi qui as eu l'idée de cette question. Car j'ai appris que celui qui pose une question a toujours une idée de réponse dans sa tête. Toi, tu penses que ça va où l'âge, après ton anniversaire ?
– Peut-être que l'âge, ça va en nous, dans notre corps. Parce que l'âge, ça permet de faire grandir et, d'année en année, tu vieillis. Mon frère, c'est déjà un vieux. L'âge, c'est bien quand on y pense, ça fait avancer, ça permet aussi d'être bientôt adulte, d'être majeur...
C'est vrai qu'à dix-huit ans, on est majeur, et qu'on peut faire tout ce qu'on veut ?
– Alors là, tu m'entraînes sur d'autres interrogations, qui sont à discuter plus longuement, si tu veux, on prend le temps...
– Non, ça suffit pour aujourd'hui ! Je crois que je vais manger le gâteau que ta femme a préparé pour moi.

Les gosses d'aujourd'hui, ils ont de drôles de questions dans leur tête !

H. L.

Il y a des soirs de lumière
où sur mon corps
le poids de l'enfant
se fait léger
comme le vol d'un oiseau
dans le soleil couchant,
sans doute parce que, pour moi,
la vraie richesse de l'homme,
c'est l'automne qui se souvient
du printemps
et le perpétue
jusqu'en son hiver.

Pierre Derlon

En classe, tu fais tes devoirs, tu t'appliques.
Tu apprends à tracer des lignes, à ne pas faire de fautes. Moi, je te conseille d'être souvent un peu distrait, d'avoir une partie de toi qui fasse attention aux lignes, à la ponctuation, à tout ce que les maîtres t'apprennent, et puis une autre partie de toi qui soit comme un oiseau, qui s'envole bien au-delà et qui ne fasse plus attention.
Pour rester un enfant toute sa vie, c'est cette partie, cette seconde partie de toi-même, qu'il faut cultiver.

Jean Guitton

Ne vous êtes-vous pas demandé si l'amour que vos parents vous portaient ne s'adressait pas finalement à un autre que vous : un amour qui vous donnait la sensation d'être nié en vous imaginant toujours différent de ce que vous étiez ?
Un amour qui vous faisait croire sans cesse que vous étiez imparfait, ou bien, mais est-ce vraiment plus facile à vivre, que vous étiez toujours parfait.

Catherine Bensaïd

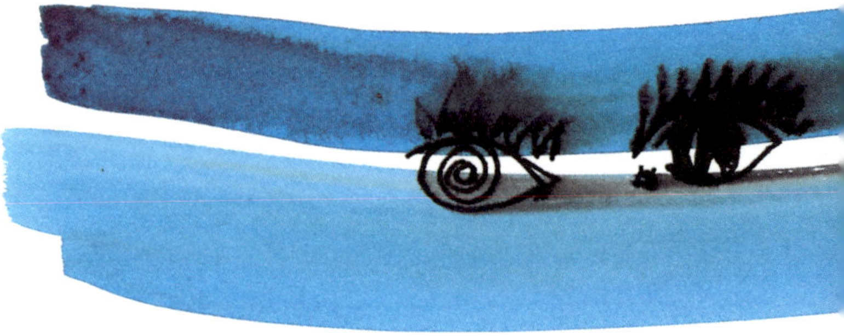

Le regard d'un bébé,
on ne peut s'en détourner,
il vous capte.

Et ce regard nous pose
deux questions fabuleuses
et absolument dérangeantes :
« Pourquoi est-ce que t'es pas comme moi ? »
et
« Qu'est-ce que tu vas faire pour
que je ne devienne pas comme toi ? »

Bernard Martino

DIS-MOI

Maman, dis-moi,
où s'enfuit la nuit
quand je m'éveille ?

Maman, dis-moi,
où se cachent mes rêves
quand se lève le soleil ?

Papa, dis-moi,
les branches du grand chêne
touchent-elles le ciel ?

Papa, dis-moi,
les étoiles chantent-elles
la nuit pendant mon sommeil ?

Papa, maman, dites-moi,
le cœur a-t-il des oreilles ?

Claudie, 12 ans

« Ne cherchez pas à rassurer ma mère sur mon sort.
De toute façon, elle a besoin d'être inquiète,
c'est son besoin le plus vital ! »

un adolescent

Sucre candide

Maman, l'hiver,
m'en donnait un petit morceau
pour la gorge,
quand je partais à l'école.

L'instituteur m'apprit, un jour,
qu'on ne dit pas le sucre candide,
mais le sucre candi.

Quelle déception !
Le lendemain,
je doutais du Père Noël
et un peu plus tard,
je réfléchis à l'existence de Dieu.

Norge

L'enfant a le droit au respect de sa dignité
et de son amour-propre,
ne pas piétiner, ne pas humilier,
laisser vivre sans décourager,
ni brusquer, ni presser,
du respect pour chaque minute qui passe.
Même les plus insupportables sont capables de nous faire sourire
après nous avoir fait pleurer.
L'enfant a le droit d'être considéré
comme une personne à part entière,
le droit d'exprimer son opinion,
l'enfant doit être consulté pour les décisions qui le concernent :
le premier des droits de l'enfant est celui qui lui permet
d'exprimer ses idées librement,
et de prendre une part active au débat qui concerne l'appréciation
de sa conduite et de la punition.
On peut imposer une discipline aux gestes d'un enfant,
pas à ses idées.
L'enfant a le droit qu'on respecte ses amours et ses sentiments ;
il a le droit d'avoir des secrets,
l'enfant a le droit de rêver,
la vie donne corps aux rêves,
c'est à partir des rêves que se construit la réalité.
L'enfant doit pouvoir disposer de coins pour s'isoler,
il a le droit d'échapper au regard des adultes,
du respect pour sa propriété et pour son budget.
L'enfant veut que nous le prenions au sérieux,
il a besoin de notre confiance et de nos conseils ;
l'enfant a le droit à la vérité et à ce que les adultes
lui tiennent un langage de franchise et de sincérité.
Un enfant n'est pas un billet de loterie
qui doit gagner le gros lot pour devenir un jour
un portrait ou un buste dans le hall d'un théâtre.
L'enfant n'est pas un champ labouré par l'hérédité
en vue des semailles de la vie.

Quelle que soit la dominante du milieu éducatif,
dogmatique ou idéologique,
la démarche ne consiste pas à dire à l'enfant :
« Je ferai de toi un homme. »
mais « Quel homme veux-tu devenir ? »
Il faut laisser croître en l'enfant ce pour quoi il est fait,
quelle que soit la direction prise par ses désirs.
L'enfant a le droit de ne pas être exceptionnel ;
du respect pour ses échecs et pour ses larmes,
elles sont toujours le signe d'une souffrance.

Janusz Korczak

Que sont d'autre nos enfants que ces maîtres venus pour nous accoucher de nos enfers ?

Je vais vous dire : le plus difficile, pour un enfant, est de survivre à l'enfance.

Et quand je dis cela, je ne pense pas aux satyres qui les guettent dans les forêts proches, mais à leur papa et leur maman. Lisez ces chiffres noirs de la police, c'est quelque chose de tellement hallucinant, le calvaire de l'enfance dans nos familles. Ces enfants qui, justement, nous poussent dans nos extrémités et qui libèrent souvent ces forces du crime, ils payent de leur vie ce désir qu'ils ont d'arracher les masques, de toucher à l'authenticité.

Christiane Singer

Vos enfants ne sont pas vos enfants.
Ils sont les fils et les filles de l'appel
de la vie à elle-même.
Ils viennent à travers vous,
mais non de vous.
Et, bien qu'ils soient avec vous,
ils ne vous appartiennent pas.
Vous pouvez leur donner votre amour,
mais non vos pensées.
Car ils ont leurs propres pensées.

Khalil Gibran

Être à l'écoute d'un enfant,
c'est le laisser
non seulement parler,
se dire, pour l'entendre,
mais aussi
accepter d'écouter
en nous
le petit enfant
blessé
ou émerveillé
qu'il réveille.

– Dis, papa, quel âge il avait,
le petit Larousse,
quand il a écrit son dictionnaire ?

L'enfant qui est aimé a plusieurs noms.

proverbe hongrois

Sources des textes

Les textes publiés dans ce recueil sont pour la plupart des textes inédits de Jacques Salomé ou des témoignages qu'il a reçus, à l'exception des extraits tirés des œuvres suivantes :

• Bertrand Cramer, *Secrets de femmes : de mère à fille*, coll. « Le passé recomposé », éd. Calmann-Lévy, 1996

• Alain Bosquet, *Les Trente Premières Années*, éd. Grasset, 1993

• *La Lettre d'Amnesty International*, printemps 1996

• Sylvie Brise, texte inédit, 1996

• Jean Guitton, *Lettres ouvertes*, éd. Payot, 1993

• Jean Debruynne, *Les Trois Saisons d'aimer*, éd. Desclée, 1980

• Annick de Souzenelle, *La Parole au cœur du corps*, éd. Albin Michel, 1993

• Eurydice El-Etr, *Je tousse de la lumière*, éd. La Délirante, 1986

• Daniel Picouly, *Le Champ de personne*, éd. Flammarion, 1995

• Serge Tisseron, *Secrets de famille*, coll. « La Parole ouverte », éd. Ramsay, 1996

• Janusz Korczak, *Comment aimer un enfant*, trad. du polonais par Zofia Bobowicz, coll. « Réponses », éd. Robert Laffont, 1998

• Christian Bobin, *La Part manquante*, coll. « Le Chemin », éd. Gallimard, 1989

• Christiane Singer, *Du bon usage des crises*, coll. « Rebelle », éd. Terre du ciel, 1994

• Christian Bobin, *La Part manquante*, coll. «Le Chemin», éd. Gallimard, 1989

• François Rabelais, in *Œuvres complètes*

• Pierre Derlon, *Secrets oubliés des derniers initiés gitans*

• Catherine Bensaïd, *Histoires d'amour, histoires d'aimer : de l'autre rêvé au bonheur partagé*, coll. « Réponses », éd. Robert Laffont, 1996

• Bernard Martino, interview de Claire de Serres, in *Famille Magazine*, n°103, avril 1996

• Norge, «Sucre candide» in *Le Sac à malioces*

• Khalil Gibran, *Le Prophète*, éd. Albin Michel, 1996

Nous remercions messieurs les auteurs et éditeurs qui ont bien voulu nous autoriser à reproduire ces textes ou fragments de textes dont le copyright reste leur propriété. Malgré nos efforts, nous n'avons pu, pour certains textes, en identifier les ayants droit. Nous prions ceux-ci de bien vouloir prendre contact avec nous afin de combler ces lacunes.

Ouvrages de Jacques Salomé

Aux Éditions Albin Michel :

Papa, maman, écoutez-moi vraiment – À l'écoute des langages du corps et de l'imaginaire chez nos enfants, 1989

Je m'appelle toi, roman, 1990

T'es toi quand tu parles – Jalons pour une grammaire relationnelle, 1991

Bonjour tendresse – Une pensée par jour, 1992

Contes à guérir, contes à grandir – Une approche symbolique pour l'écoute des maux, 1993

L'Enfant Bouddha (illustrations de Cosey) – Retrouver l'enfance d'un maître, 1993

Heureux qui communique – Pour oser se dire et être entendu, 1993

Paroles d'amour, poésies amoureuses, 1995

Charte de vie relationnelle – Pour mieux communiquer à l'école, 1995

Communiquer pour vivre – La sève de la vie, 1995

C'est comme ça, ne discute pas ! ou les 36 000 façons de ne pas communiquer avec son enfant, 1996

En amour, l'avenir vient de loin – Poétique amoureuse, 1996

Tous les matins de l'amour… ont un soir, roman, 1997

Pour ne plus vivre sur la planète Taire – Apprendre à communiquer avec la méthode ESPÈRE, 1997

Éloge du couple, 1998

Paroles à guérir, 1999

Dis, papa, l'amour c'est quoi ? 1999

Oser travailler heureux, sortir de l'incommunication, 2000

Chez d'autres éditeurs :

Parle-moi, j'ai des choses à te dire, éd. de l'Homme, 1982

Je t'appelle tendresse, éd. l'Espace Bleu, 1984

Relation d'aide et formation à l'entretien, Presses universitaires de Lille, 1987

Apprivoiser la tendresse, éd. Jouvence, 1988

Les Mémoires de l'oubli (en collaboration avec Sylvie Galland), éd. Jouvence, 1989

Si je m'écoutais... je m'entendrais (en collaboration avec Sylvie Galland), éd. de l'Homme, 1990

Aimer et se le dire (en collaboration avec Sylvie Galland), éd. de l'Homme, 1993

Jamais seuls ensemble, éd. de l'Homme, 1995

Une vie à se dire, éd. de l'Homme, 1998

Le Courage d'être soi, éd. du Relié, 1999